Magdalen Nabb

Finchen und Lena

Deutsch von Ulli und Herbert Günther
Zeichnungen von Petra Probst

Cecilie Dressler Verlag · Hamburg

Weitere Finchen-Geschichten
erzählt Magdalen Nabb in den Büchern
Finchen will was Schönes schenken
Finchen fährt ans Meer
Finchen in der Schule
Finchen freut sich auf Weihnachten

© Cecilie Dressler Verlag, Hamburg 1995
Alle Rechte für die deutschsprachige Ausgabe vorbehalten
© Magdalen Nabb 1991
Die Autorin besteht auf ihrem Recht,
als Urheberin dieses Werkes anerkannt zu werden.
Die englische Originalausgabe erschien bei William Collins Sons & Co Ltd
(jetzt: Harper Collins Publishers Ltd),
London, unter dem Titel *Josie Smith and Eileen*
Deutsch von Ulli und Herbert Günther
Einband und Zeichnungen: Petra Probst
Satz: Utesch Satztechnik GmbH, Hamburg
Druck und Bindung: Clausen & Bosse, Leck
Printed in Germany 1995
ISBN 3-7915-1423-7

Inhalt

*Finchen und die
Geheimfeier*
7

Finchen schläft bei Lena
43

*Finchen und die
Hochzeit*
81

Finchen und die Geheimfeier

Finchens Haus hatte die Hausnummer 1.
Es sah genauso aus wie alle anderen
Häuser in der Straße, und die Straße sah
genauso aus wie alle anderen Straßen auf
dieser Seite des Hügels. Oben auf dem Hügel
stand ein Turm.
Finchen saß auf der Treppenstufe vor dem Haus in
der Sonne und spielte Kaufladen. Finchens Puppe

spielte auch Kaufladen. Von der Mutter hatte Finchen ein paar Erbsen und Linsen bekommen, das waren im Spiel Bonbons. Sie hatte einen Löffel zum Abwiegen und ein paar Papiertüten aus der Schublade zum Einpacken.
»Also«, sagte Finchen. »Ein Viertelpfund Bonbons, ja? Die hier sind sehr gut, mit Orangengeschmack. Zwanzig Pfennig, bitte.«
Finchen gab ihrer Puppe eine Tüte Bonbons mit Orangengeschmack und als Wechselgeld ein paar Kronkorken.
Aus dem Nachbarhaus kam Lena mit ihrem quietschenden Puppenwagen. »Spielst du gerade?« fragte Lena.
»Du mußt warten, bis du an der Reihe bist«, sagte Finchen. »Das hier ist ein Laden.«
»Sieht nicht aus wie ein Laden«, sagte Lena. »Du hast ja gar keine Waage. Ich hab eine Waage. Und das sind auch keine echten Bonbons. Das sind Erbsen und Linsen.«

»Wenn du nichts kaufen willst«, sagte Finchen,
»darfst du nicht in meinen Laden kommen.«
»Also gut«, sagte Lena. »Dann kaufe ich Erbsen.«
»Das sind keine Erbsen«, sagte Finchen. »Das sind
Pfefferminzbonbons.« Und sie löffelte für Lena
Pfefferminzbonbons in eine Tüte.
»Wir können ja so tun, als ob wir sie richtig essen«,
sagte Lena.

»Wenn du willst«, sagte Finchen. »Aber wir dürfen sie nicht in die Ohren stecken, hat meine Mama gesagt.«

Lena klappte die Bremse an ihrem Puppenwagen herunter und setzte sich neben Finchen auf die Treppenstufe. »Wir könnten mit meiner Waage spielen«, sagte sie. »Wenn du willst.«

»Mein Laden hat jetzt geschlossen«, sagte Finchen.

»Frau Bock hat aber nicht geschlossen«, sagte Lena.

In Frau Bocks Laden auf der anderen Straßenseite ging die Tür auf, Gerrit kam heraus und rief: »Wer kommt mit zum Schrebergarten von Herrn Schuhmacher, Würmer ausgraben?«

»Ich nicht«, sagte Lena. »Da macht man sich dreckig!«

»Ich schon«, sagte Finchen. »Man kriegt nämlich eine Belohnung.«

»Du hast versprochen, daß du mit mir spielst!« sagte Lena.

»Hab ich nicht!« sagte Finchen. »Und überhaupt, du

bist ja blöd, weil du Angst vor dem bißchen Dreck hast!«

Finchen und Gerrit rannten los, die Straße hoch.

»Das sag ich meiner Mama!« schrie Lena. »Dann darfst du nicht zu meiner Feier kommen!«

Finchen blieb stehen und drehte sich um.

»Was für eine Feier?«

»Meine Geburtstagsfeier in zwei Wochen. Ich kriege Einladungskarten mit Ballons drauf, und du darfst nicht kommen und Gerrit auch nicht, so!«

»Mir egal«, sagte Finchen, aber sie sagte es mit zugekniffenen Augen, weil es ihr doch nicht ganz egal war. Sie sah über die Straße zu Lena hin, und Lena rief: »Und ich kriege eine Brautpuppe, und du darfst nicht damit spielen!«

»Mir egal!« schrie Finchen. »Und sowieso hab ich vor dir Geburtstag!«

»Na und?« rief Lena. »Du machst ja überhaupt keine Feier, hat meine Mama gesagt!«

Da kniff Finchen die Augen zu, so fest sie konnte,

und sagte: »Ich mach eben doch eine Feier, du wirst schon sehen!«

»Gar nicht!« rief Lena. »Und ich wette, du hast die Augen zugemacht, weil du nämlich lügst.«

Finchen rannte davon. Vor Herrn Schuhmachers Schrebergarten wartete Gerrit auf sie.

»Sollen wir nach Würmern graben, Herr
Schuhmacher?« fragte Gerrit.
Herr Schuhmacher sog eine ganze Weile an seiner
Pfeife, dann sagte er: »Jawoll.«
Finchen hatte Herrn Schuhmacher schon oft gefragt,
warum er immer jawoll sagte statt ja, aber er hatte es
ihr noch nie erklärt. Er hatte nur immer an seiner
Pfeife gesogen und Finchen dabei angesehen.
Die Graberei machte Finchen ganz allein. Sie grub
gern um, Gerrit nicht, denn es war schwere Arbeit.
Gerrit sammelte die Würmer in einer Büchse und gab
sie dann den Hühnern im Schuppen von Herrn
Schuhmacher. Finchen sammelte nicht gern
Würmer, weil sie glibberig waren und sich
immer hin und her ringelten.
Im Hühnerstall, wo es dunkel war und stank, fragte
Finchen: »Willst du ein Geheimnis wissen?«
»Was denn?« fragte Gerrit.
»Du mußt versprechen, daß du es nicht verrätst!«
sagte Finchen.

»Also gut«, sagte Gerrit. »Hand aufs Herz.«
Im Dämmerlicht kniff Finchen fest die Augen zu und sagte: »Übermorgen mache ich meine Geburtstagsfeier.«
»Darf ich kommen?« fragte Gerrit.
»Du darfst kommen«, sagte Finchen. Dann wedelte sie mit dem Finger vor Gerrits Gesicht herum und sagte: »Aber du darfst es keinem erzählen, weil es eine Geheimfeier ist.«
»Ich weiß auch ein Geheimnis«, sagte Gerrit. »Herr Schuhmacher dreht seinen Hühnern die Hälse um, und dann ißt er sie.«
»Macht er nicht!« sagte Finchen. »Man ißt keine echten Hühner. Zum Essen kauft man Hähnchen in einem Geschäft.«
»Egal. Frag jetzt Herrn Schuhmacher nach unserer Belohnung.« Immer mußte Finchen um die Belohnung bitten, weil Gerrit Angst vor Herrn Schuhmacher hatte.
Herr Schuhmacher sog an seiner Pfeife und sah

Finchen an. Dann sagte er: »Bist eine tüchtige kleine Gärtnerin.« Und er schenkte ihr ein schneeweißes Ei. Als Finchen Gerrit das schneeweiße Ei zeigte, sagte er: »Das ist keine Belohnung, das ist ja nur ein dämliches Ei.«
»Eben nicht«, sagte Finchen. »Es ist ein ganz besonderes Ei, weil es schneeweiß ist.«

»Gib her, laß mal sehen«, sagte Gerrit. Er riß
Finchen das Ei aus der Hand und rannte damit weg.
So schnell es mit ihren Gummistiefeln ging, rannte
Finchen hinter ihm her, und in ihrer Brust machte es
bum – bum – bum, weil Gerrit ihr schönes weißes Ei
geklaut hatte.
»Das ist meins!« schrie Finchen. »Das ist meins, weil
nämlich ich Herrn Schuhmacher gefragt habe! Weil
ich die tüchtige Gärtnerin bin!«
Aber Gerrit rannte schnell die Straße hinunter und
knallte – peng – die Haustür hinter sich zu.
Finchen blieb vor ihrem Haus stehen. Sie weinte,
und obwohl Gerrit längst verschwunden war, brüllte
sie hinter ihm her: »Ich krieg dich schon noch,
Gerrit! Du bist ein ganz gemeiner Dieb, und das sag
ich!« Dann ging sie hinein.
Am nächsten Tag spielte Finchen nicht mit Lena,
weil Lena gesagt hatte, sie würde sie nicht zu ihrer
Feier einladen. Und sie spielte nicht mit Gerrit, weil
Gerrit ihr schönes weißes Ei geklaut hatte. Sie spielte

ganz allein, und dann, am Nachmittag, ging sie in den Laden zu Frau Bock und kaufte Kuchen, weil ihre Oma zum Tee kam.
Beim Tee wollte Finchen ihre Mutter fragen, ob sie eine Geburtstagsfeier machen durfte. Sie wollte fragen, wenn ihre Oma dabei war, denn eine Oma sagt manchmal ja, wenn eine Mama nein sagt. Aber jedesmal, wenn Finchen gerade fragen wollte, sagte ihre Mutter: »Scht! Wir unterhalten uns.«
Erwachsene unterhalten sich ständig. Reden und reden langweiliges Zeug und werden wütend, wenn man sie unterbricht. Finchen wartete, bis die Teekanne leer war und ihre Mutter aufstand, um frischen Tee zu holen. Da sagte sie: »Mama? Darf ich eine Geburtstagsfeier machen?«
»Nein«, sagte Finchens Mutter.
»Warum darf ich nicht?«
»Weil wir uns das nicht leisten können«, sagte Finchens Mutter.
»Oma?« sagte Finchen.

»Du hast gehört, was deine Mutter gesagt hat«, sagte
Finchens Oma. »Jetzt sei brav.« Dann flüsterte sie:
»Komm mal her zu mir.«
Finchen rutschte vom Stuhl und ging zu ihrer Oma.
Ihre Oma hatte eine Zauber-Handtasche, und
manchmal kam da eine Überraschung für Finchen
heraus.

»Ist heute was in deiner Zaubertasche?« fragte Finchen.
»Kann schon sein«, sagte Finchens Oma. »Das weiß man bei Zaubertaschen nie. Mach mal die Augen zu und faß rein.«
Finchen machte die Augen zu und faßte in die Tasche.
»Hast du was gefunden?« fragte Finchens Oma.
»Eine Rolle Bonbons!« rief Finchen.

»Na, so was!« sagte Finchens Oma. »Ich weiß nicht, wie es kommt, aber du findest immer was. Ich nie. Steck die Bonbons ein für nach dem Essen.«
Finchen setzte sich wieder. Sie freute sich über die Bonbons, aber ihr war langweilig. Die Mutter und die Oma fingen wieder an zu reden, aber sie sagten kein Wort von Finchen und einer Geburtstagsfeier. Nach einer Weile sagte Finchens Mutter: »Was ist denn mit dir los? Du machst ja ein Gesicht wie sieben Tage Regenwetter!«
»Mir ist langweilig«, sagte Finchen. »Kann ich ins Wohnzimmer und fernsehen?«
»Nein«, sagte Finchens Mutter.
»Warum nicht?«
»Weil im Wohnzimmer etwas ist, was du nicht sehen sollst«, sagte Finchens Mutter.
»Ein Geheimnis?« fragte Finchen.
»Genau«, sagte Finchens Mutter, »ein Geheimnis. Jetzt geh nach draußen und spiel eine halbe Stunde mit Lena.«

»Wir haben uns gestritten«, sagte Finchen.
»Dann vertragt euch wieder«, sagte Finchens Mutter.
Finchen ging zur Haustür und machte auf. Sie sah die Straße rauf und runter, aber Lena war nicht da. Finchen kramte einen Kreidestummel aus ihrer Tasche und malte große Zahlen auf den Gehweg. Dann suchte sie ein Steinchen und fing an, mit sich selbst Himmel und Hölle zu spielen.
Lena kam aus dem Nachbarhaus, blieb stehen und sah zu. Sie sagte nicht »Spielst du gerade?« Sie sagte gar nichts. Finchen sagte auch nichts, aber als sie übergetreten hatte, gab sie Lena das Steinchen, und Lena hüpfte weiter. Am Ende des Spiels sagte Lena: »Wenn du willst, geb ich dir eine Einladung zu meiner Feier, wenn ich die Karten kriege.«
Finchen sagte nichts.
Da fragte Lena: »Kann ich morgen zu deiner Feier kommen?«
»Also gut«, sagte Finchen. »Nur, du darfst keinem was davon erzählen, es ist nämlich eine Geheimfeier.«

»Ich sag's keinem«, versprach Lena. »Bin ich noch deine beste Freundin?«
»Wenn du keinem was von der Feier erzählst«, sagte Finchen. »Nur Gerrit weiß Bescheid, und der darf nicht kommen, weil er ein Dieb ist. Er hat mein schönes weißes Ei geklaut, aber den erwische ich schon noch.«
Weiter unten in der Straße ging die Tür von Nummer 8 auf, und Gerrit kam heraus. Er lief ihnen entgegen und ließ dabei sein Modellauto über die Fensterbretter fahren.
»Brrrrrrrm! Brrm! Brrm!«
»Dich krieg ich noch, Gerrit!« schrie Finchen. Und als er näher kam, drohte Finchen ihm mit der Faust und sagte: »Du bist ein gemeiner Dieb! Du hast mein schönes weißes Ei geklaut!«
»Aha!« rief Lena. »Gerrit ist ein Dieb!«
»Halt du bloß die Klappe«, sagte Gerrit. »Oder ich hau dir eine runter!«
Da huschte Lena hinter Finchen und versteckte sich,

weil sie Angst vor Schlägen hatte. Gerrit jagte mit erhobenen Fäusten hinter ihr her, aber Finchen stellte sich ihm in den Weg und stieß ihn zu Boden. Gerrit fing an zu weinen.

»W-a-a-a-a«, heulte er. »W-a-a-a-a! W-a-a-a!« Dann lief er los, die Straße hinunter, und brüllte dabei: »Spiel ich eben mit Robert! W-a-a-a-a-a!«

»Der spielt nicht mit dir!« rief Finchen ihm nach. »Weil du nämlich eine Heulsuse bist! Kannst höchstens mit seiner kleinen Schwester spielen!«

Als Gerrit in Roberts Haus verschwunden war, sagte Lena: »Gerrit ist gemein. Wenn der mich noch mal schlagen will, dann schnapp ich ihn mir, und dann verpetze ich ihn!«

»Du erwischst ihn ja gar nicht«, sagte Finchen.

»Jedenfalls kommt er nicht zu deiner Geheimfeier, oder?« fragte Lena.

»Nein«, sagte Finchen. »Und wenn er was verrät, dann schlag ich ihn k.o.!«

Dicke Wolken zogen auf und schoben sich über die

blauen Himmelstücke zwischen den Dächern und Schornsteinen von Finchens Straße. Als sich Finchen und Lena auf die Treppenstufe vor der Haustür setzten, wurde ihnen kalt, und Lena sagte: »Komm, wir gehen zu euch fernsehen!«
»Dürfen wir nicht«, sagte Finchen. »Meine Mama sagt, ich darf nicht ins Wohnzimmer, weil da ein Geheimnis drin ist.«
»So ein Geheimnis wie deine Feier?« fragte Lena. Und dann sagte sie: »Wir können ja mal durchs Fenster gucken.«
Sie drückten ihre Nasen fest gegen die Scheibe, konnten aber nichts entdecken, das wie ein Geheimnis aussah.
»Da ist bloß die Nähmaschine von deiner Mutter«, sagte Lena. »Und was Blaues, wo sie gerade dran näht. Das ist kein Geheimnis, weil sie ja immer näht.«
Von nebenan rief Lenas Mutter.
»Lena? Lena!«

»Ich muß jetzt rein«, sagte Lena.
Finchen drohte Lena mit dem Finger und sagte:
»Du darfst *keinem* was von meiner Feier verraten, nicht mal deiner Mutter, weil die es meiner Mutter erzählen würde.«

»Ich verrat es keinem«, versprach Lena.
Lena erzählte es keinem, nicht einmal ihrer Mutter. Aber Gerrit erzählte es. Gerrit erzählte es Robert, als er zum Spielen bei ihm war. »Finchen macht eine Feier«, sagte er. »Und ich geh hin.«

Dann erzählte Robert es weiter. Als Gerrit nach Hause gegangen war, erzählte er seiner kleinen Schwester davon. »Finchen macht eine Feier«, sagte er. »Und ich geh hin.«
Als Finchen am nächsten Tag aufwachte, war ihr Geburtstag da, und als sie aus dem Fenster sah, glänzten die schwarzen Dächer und Schornsteine in der Sonne, und der Himmel war hellblau. Da zog sich Finchen an und ging hinunter.
»Herzlichen Glückwunsch zum Geburtstag!« sagte Finchens Mutter.
»Kriege ich ein Geschenk?« fragte Finchen.
»Am Abend«, sagte Finchens Mutter. »Wenn Oma kommt.«
»Darf ich mal zu Oma? Jetzt gleich?« sagte Finchen.
»Und sie was fragen?«
»Wenn du mit deinem Frühstück fertig bist«, sagte Finchens Mutter. »Aber bleib nicht zum Mittag, Oma hat viel zu tun.«
»Ist gut«, sagte Finchen. Sie frühstückte, dann zog sie

ihre Gummistiefel an und rannte hinaus. Noch war in der Straße keine Sonne, aber als Finchen die Augen zumachte und schnupperte, konnte sie den Sonnenschein schon riechen, wie er frisch und warm irgendwo vom hellblauen Himmel hinter den Schornsteinen kam. Sie hüpfte die ganze Straße hinunter bis zum Haus ihrer Oma und sagte vor sich hin: »Trittst du auf den Rand, kostet es ein Pfand. Springst du vorbei, heiratest du zwei.«
»Herzlichen Glückwunsch zum Geburtstag!« sagte Finchens Oma.
»Kriege ich ein Geschenk?« fragte Finchen.
»Später«, sagte Finchens Oma. »Wenn ich zu euch komme.« In der Küche war es warm, und es duftete nach frischem Kuchen.
»Hast du Obsttörtchen gemacht?« fragte Finchen.
»Ich habe Obsttörtchen und Zitronentörtchen gemacht«, sagte Finchens Oma. »Und du kannst gleich eins haben, wenn du Hunger hast.«
»Und eins für Lena?« fragte Finchen.

»Und eins für Lena«,
sagte Finchens Oma. »Hier
hast du eine kleine Tüte dafür.«
»Ich heb sie mir für später auf«,
sagte Finchen.

»Für wann später?« fragte Finchens Oma.
»Das ist ein Geheimnis«, sagte Finchen. »Und die
Bonbons, die du mir geschenkt hast, hebe ich auch
auf. Jetzt möchte ich nur noch gern eine Flasche
Limo.« Finchen sah ihre Oma ganz fest an.
»Hast du Durst?« fragte Finchens Oma.
»Nein«, sagte Finchen.
»Warum willst du denn dann eine Flasche Limo?«
fragte Finchens Oma.
»Das ist ein Geheimnis«, sagte Finchen. »Ich hätte
eben gern eine.«
»Na schön«, sagte Finchens Oma. »Schließlich hast
du heute Geburtstag.« Und sie gab Finchen ein
bißchen Geld. »Geh zu Frau Bock und kauf dir eine
Flasche Limonade. Und laß deine Mama in Ruhe, sie

hat heute nämlich noch eine Menge mit *ihrem* kleinen Geheimnis zu tun. Du spielst am besten draußen mit Lena.«

Finchen ging in den Laden zu Frau Bock und kaufte eine Flasche Limonade.

»Rote«, sagte sie, »und mit zwei Strohhalmen bitte, einen für mich und einen für Lena.«

In einem Winkel im Hinterhof versteckte Finchen die Flasche Limo und die zwei Strohhalme und die Tüte mit den Törtchen und die Bonbons. Dann spielte sie bis zum Mittag mit Lena.

Nach dem Essen fragte Lena: »Wann soll ich zu deiner Feier kommen?«

»Um vier«, sagte Finchen. »Und vergiß nicht, es ist ein Geheimnis, und du darfst es nicht weitersagen!«

»Hab ich nicht«, sagte Lena.

Aber Gerrit hatte es weitergesagt. Gerrit hatte es Robert erzählt.

Und Robert hatte es weitergesagt. Robert hatte es seiner kleinen Schwester erzählt.
Und noch am selben Tag war Roberts kleine Schwester um die Ecke geflitzt und hatte es allen Kindern in der Albertstraße erzählt.
Um vier Uhr setzte sich Finchen auf die Treppenstufe vor ihrer Haustür. Sie hatte immer noch ihre Gummistiefel an, und dazu trug sie jetzt ein buntgestreiftes Kleid. Auf der Treppenstufe lag ein mit Blumen bemaltes Papier, das war das Tischtuch, und darauf waren zwei Teller mit Törtchen, Bonbons und eine Flasche rote Limonade mit zwei Strohhalmen.
Aus dem Nachbarhaus kam Lena.
»Fängt deine Feier jetzt an?« fragte Lena.
»Ja«, sagte Finchen. »Du mußt auf dieser Seite sitzen und ich auf der anderen, und unsere Puppen dürfen auf unseren Knien sitzen.«
Sie saßen auf der Treppenstufe und knabberten ihre Obsttörtchen. Am hellblauen Himmel hinter den

Schornsteinen kam die Sonne hervor und schien Finchen und Lena warm auf Köpfe und Knie. »Ist das dein bestes Kleid?« fragte Lena.
»Ja«, sagte Finchen.
»Aha«, sagte Lena. »Ich wette, deine Mama weiß nicht, daß du das angezogen hast.«
»Weiß sie wohl«, sagte Finchen, aber sie sagte es mit zugekniffenen Augen, weil es eine Lüge war.

»Weiß sie nicht«, sagte Lena. »Sonst hättest du nämlich auch deine guten Sandalen an und weiße Söckchen wie ich.«
Sie tranken rote Limonade durch ihre Strohhalme, und dann hörten sie plötzlich Trippeln und Trappeln auf der Straße.
»Da kommt wer«, sagte Lena. Beide standen auf.
Gerrit kam.
Und Robert kam.
Und Roberts kleine Schwester kam.
Und hinter Roberts kleiner Schwester kamen alle Kinder aus der Albertstraße. Manche hatten Päckchen dabei, manche hatten Teller mit Mohnschnecken und Quarktaschen, ein Kind hatte einen Wackelpudding, der wie ein Hase geformt war, und Gerrit hatte Finchens glänzend weißes Ei.
»Wir kommen zu deiner Feier, Finchen«, sagten sie.
»Ich bring dir dein Ei wieder«, sagte Gerrit.
»Wo ist deine Feier?« fragte Robert. »Bei euch im Wohnzimmer?«

Finchen sagte nichts. Sie wußte nicht, was sie sagen sollte. Unmöglich konnte sie Gerrit und Robert und Roberts kleine Schwester und alle Kinder aus der Albertstraße ins Wohnzimmer führen, denn ihre Mutter hatte ihr verboten, ins Wohnzimmer zu gehen, und ihre Mutter wußte überhaupt nichts von der Feier. Und auf der Treppenstufe hatten sie nicht alle Platz – Gerrit und Robert und Roberts kleine Schwester und alle Kinder aus der Albertstraße. Finchen sah all die Kinder mit ihren Päckchen und dem Wackelpudding und den Kuchenstücken an, dann sagte sie: »Nein, die Feier ist nicht bei uns im Wohnzimmer, es ist ja eine Geheimfeier.«
Die Kinder sahen Finchen an und warteten.
Da sagte Finchen: »Und sie ist nicht bei uns im Wohnzimmer, weil nämlich meine Mama auch ein Geheimnis hat, und das ist im Wohnzimmer.«
Die Kinder sahen Finchen an und warteten.
Da sagte Finchen: »Deshalb ist meine Feier ein Picknick!«

»Ein Picknick?« rief Gerrit.
»Ein Picknick?« rief Robert.
»Ein Picknick?« riefen alle Kinder aus der Albertstraße.

»Ein Geheimpicknick«, sagte Finchen. »Auf dem Hügel. Los, alle mir nach!«
Und so zogen Finchen und Lena und Gerrit und Robert und Roberts kleine Schwester und alle anderen Kinder die Straße aufwärts, vorbei an Herrn Schuhmachers Schrebergarten und vorbei an Finchens Schule und hinauf auf den Hügel mit dem Turm.
Als sie oben waren, machte Finchen alle Päckchen auf und verteilte die Eßsachen, und es wurde die beste Feier der Welt. Mit Kuchen und Bockspringen, mit Bonbons und Chips und Mohnschnecken und Bananen und Butterblumen und Glockenblumen und Auf-den-Hügel-Klettern und Runterrollen und Weitspucken, mit Gänseblümchen-Ketten und Boxen und einem Wackelpeter-Hasen. Und mit Schreien und Toben, und keiner sagte *Seid leise*, und keiner sagte *Nicht anfassen*, und keiner sagte *Erst das Fleisch essen und danach den Kuchen*, weil nämlich keine

Erwachsenen da waren und Fleisch sowieso nicht.
Nur Brausepulver und klebriger Kuchen mit
Zuckerguß und Kekse und Kaugummi und
Sahnetorte und Lakritz und große rote Lutscher.
Und als alle soviel Krach wie möglich gemacht
hatten und alle viel zuviel gegessen hatten und Gerrit
schlecht geworden war, gingen sie nach Hause zum

Abendessen. Sie gingen den Hügel wieder hinunter und vorbei an Finchens Schule und Herrn Schuhmachers Schrebergarten und weiter in ihre Straße und zu ihren Häusern. Gerrit ging rein, und Robert und seine kleine Schwester gingen rein, und alle anderen Kinder liefen in die Albertstraße.

»Ich geh jetzt«, sagte Finchen.

»Also Finchen!« sagte Lena. »Schau bloß, was du mit deinem besten Kleid gemacht hast!«

Finchen schaute. Das Kleid sah gar nicht mehr wie ein bestes Kleid aus. Vorne hatte es Flecken von der roten Limonade, und hinten hatte es Flecken vom Gras. Eine Tasche war beim Bockspringen abgerissen, und die Armlöcher waren aufgeplatzt, als Finchen den Hang hinuntergekullert war.

»Also Finchen!« sagte Lena. Lena machte sich nie schmutzig.

Finchen fing an zu weinen.

»Dafür wirst du ausgeschimpft«, sagte Lena. Lena zerriß sich nie das Kleid.

Finchen ging ins Haus. Sie gab sich Mühe, keinen Krach mit ihren Gummistiefeln zu machen, und sie machte die Augen ganz fest zu, damit niemand sie in ihrem schmutzigen Kleid sehen konnte. Dann machte sie die Augen kurz auf und blinzelte durch den Türspalt in die Küche. Sie sah ihre Mutter und ihre Oma und den gedeckten Tisch und einen großen Kuchen mit Kerzen darauf.
»Wo bist du nur gewesen?« fragte Finchens Mutter.
»Schffzz«, machte Finchen und sah auf die Kerzen.
»Wo hast du nur dieses Kleid gefunden?« fragte Finchens Mutter. »Es paßt dir doch gar nicht mehr. Ich hab es aufgehoben, weil ich daraus ein Kleid für deine Puppe machen wollte.«
»Du weinst doch nicht etwa?« fragte Finchens Oma.
»Du hast dich doch nicht etwa geprügelt?« fragte Finchens Mutter.
»Nein«, sagte Finchen. Sie hörte auf zu weinen.
»Schön, dann zieh das alte Kleid aus und wasch dich«, sagte Finchens Mutter.

»Und komm her und iß ein Stück von dem großen Kuchen, den ich für dich gebacken habe«, sagte Finchens Oma.

Erwachsene sind komisch. Manchmal schimpfen sie, wenn man gar nichts angestellt hat, und manchmal, wenn man den größten Blödsinn gemacht hat, merken sie es gar nicht.
Finchen hatte keinen Hunger, aber sie aß ein bißchen Kuchen, weil Zuckerguß und Kerzen darauf waren. Nach dem Essen sagte Finchens Mutter: »Jetzt darfst du ins Wohnzimmer und das Geheimnis sehen.«

Zusammen gingen Finchen und Finchens Mutter und Finchens Oma ins Wohnzimmer, und da lag über einem Stuhl ein nagelneues bestes Kleid, himmelblau und schimmernd – das Geburtstagsgeschenk für Finchen.

»Hast du das mit der Nähmaschine genäht?« fragte Finchen.

»Ja«, sagte Finchens Mutter. »Du solltest es nicht sehen, bevor es fertig war. Komm, wir wollen mal probieren, wie es dir steht.«

Finchen gefiel ihr neues Kleid so gut, daß ihre Hände ganz kribbelig wurden, und sie konnte überhaupt nichts sagen. Sie fand es schön, als ihr die Mutter das Kleid über den Kopf stülpte, und es duftete ganz frisch und neu. Und sie fand es schön, als sie den weiten Rock spürte, und er war ganz glatt und glänzend. Aber am schönsten war es, als sie zur Haustür ging, um es Lena zu zeigen, und sah, daß ihr Kleid genauso blau war wie der hellblaue Himmel über den schwarzen Dächern und Schornsteinen.

Lena kam heraus, um Finchens Kleid zu bewundern, und Finchens Mutter und Finchens Oma kamen heraus, und sogar Frau Bock aus dem Laden gegenüber kam heraus. Und Finchen in ihrem hellblauen Kleid, so blau wie der Himmel, drehte sich wirbelnd im Kreis, und alle riefen: »Herzlichen Glückwunsch zum Geburtstag, Finchen!«

Finchen schläft bei Lena

Finchen aß ein gekochtes Ei zum Abendessen. Sie aß gern ein gekochtes Ei, denn wenn es fertig war und in seinem Eierbecher saß, malte Finchens Mutter jedesmal mit Filzstift ein Grinsegesicht mit Haarfransen darauf. Finchen lächelte dem lachenden Ei zu und nannte es Henrietta. Dann machte sie die Spitze ab, ohne das Gesicht zu zerbrechen. Und sie aß das Ei, indem sie Brot hineintunkte, das ihr die Mutter in Streifen geschnitten hatte. Für Finchen waren die Streifen kleine Soldaten. Nach dem Abendessen setzte sich Finchen an den Küchentisch und malte. Die Vorhänge waren zugezogen, und das Licht brannte, denn es war fast Schlafenszeit. Finchen war gut im Malen, vorsichtig ließ sie den Stift immer wieder über dieselbe Stelle auf dem Papier kreisen, so daß die Farben klar und kräftig herauskamen und nicht gekritzelt aussahen.
»Mach dich jetzt fertig«, sagte Finchens Mutter.

»Darf ich erst mein Bild fertigmalen?« fragte Finchen.
»Nein«, sagte Finchens Mutter. »Das würde noch Stunden dauern.«
»Gar nicht«, sagte Finchen. »Nur fünf Minuten. Bitte!«
»Du kannst es morgen fertigmalen«, sagte Finchens Mutter. »Pack deine Buntstifte weg.«
Finchen legte ihre Buntstifte in der richtigen Reihenfolge in die Schachtel, so daß sie wie neu aussahen.
»Noch keiner abgebrochen«, sagte sie. »Und ich hab nicht gekritzelt. Lena kritzelt.«
Lena war Finchens beste Freundin, aber im Malen war sie nicht so gut wie Finchen.
»Beeil dich«, sagte Finchens Mutter. Dann sah sie auf Finchens Bild. Es war ein Bild mit marschierenden Soldaten in roten Uniformjacken und schwarzen Hosen, mit jubelnden Leuten und einer goldenen Kutsche, aus der eine Prinzessin heraussah. Manches hatte Finchen aus dem Buch abgemalt, das ihr die

Mutter aus der Bücherei mitgebracht hatte, und manches hatte sie sich selbst ausgedacht.
»Das ist aber schön!« sagte Finchens Mutter. Erwachsene sagen immer, daß alles schön ist. Sie sagen es mit alberner Stimme und nur, damit man ins Bett geht und still ist. Aber Finchens Mutter sagte es diesmal mit richtiger Erwachsenen-Stimme, da wußte Finchen, daß ihr Bild wirklich gut war.
»Darf ich mein Buch mit ins Bett nehmen?« fragte Finchen.
»Es ist schon spät«, sagte Finchens Mutter.
»Nur unters Kopfkissen legen? Darf ich?«
»Na gut«, sagte Finchens Mutter. »Aber jetzt beeil dich, und vergiß das Zähneputzen nicht.«
Als Finchen im Bett lag, strampelte sie mit den Füßen unter der Bettdecke und sagte: »Mama?«
»Lieg still jetzt«, sagte Finchens Mutter.
»Ich lieg schon still«, sagte Finchen. »Mama? Wenn ich groß bin, werde ich Soldat.«
»Ich dachte, du wolltest Ballettänzerin werden?«

sagte Finchens Mutter. »Und wie oft muß ich dir noch sagen, daß du deinen Rock nicht auf den Boden werfen sollst, wenn du ihn ausgezogen hast. Kannst du ihn nicht mal ordentlich zusammenlegen?«
»Hab ich vergessen. Mama? Ich werde Ballettänzerin und Soldat.«
»Na gut. Jetzt lieg aber still, und hör auf zu strampeln.«
»Mama?« sagte Finchen. »Ich muß dir noch was erzählen. Robert ist durch die Hinterhöfe gerannt und hat Batman gespielt, als überall Wäsche draußen hing, und er hat alle Laken dreckig gemacht, und Lena hat ihn verpetzt, und er hat gesagt, er wird sie schon kriegen.«
»Wo ist denn dein Taschentuch?« fragte Finchens Mutter.
»Weiß ich nicht. Mama?«
»Ich weiß nicht, warum ich dir überhaupt eins mitgebe, wenn du es jeden Tag verlierst«, sagte Finchens Mutter.

»*Mama!*«

»Und es war eins von den niedlichen, die Oma dir zum Geburtstag geschenkt hat«, sagte Finchens Mutter. »Das mit dem rosa Elefanten drauf. Und sieh dir mal diesen Blusenkragen an, wie schmutzig der ist!«

»*Mama!* Robert sagt ...«

»Jetzt hör mal mit Robert auf. Ich muß dir was erzählen.«

Finchens Mutter setzte sich auf das Bett, sie hatte so einen komischen Ausdruck im Gesicht, mit dem Finchen nichts anfangen konnte, und dann sagte sie:

»Also. Erinnerst du dich an deine Tante Helen?«

»Sie hat immer Nagellack auf den Fingernägeln«, sagte Finchen.

»Also, sie bekommt ein Baby«, sagte Finchens Mutter.

»Aber sie hat doch schon eins«, sagte Finchen. »Michael Cousin.«

»Cousin Michael«, sagte Finchens Mutter. »Nicht

Michael Cousin, und er ist auch kein Baby mehr, er ist drei, und er wird ein Brüderchen oder ein Schwesterchen bekommen.«
»Krieg ich auch eins?« fragte Finchen.
»Nein«, sagte Finchens Mutter.
»Warum nicht?« fragte Finchen.
»Weil es eben nicht geht«, sagte Finchens Mutter.
»Kriege ich dann Ballettunterricht?« fragte Finchen.
»Hörst du mir jetzt mal zu?« sagte Finchens Mutter.
»Ich werde für ein paar Tage zu Tante Helen fahren und ihr helfen.«
»Fahre ich auch mit?« fragte Finchen.
»Nein«, sagte Finchens Mutter, »es ist nicht genug Platz.«
»Aber wer kümmert sich um mich?« fragte Finchen.
»Wenn du wegfährst?«
»Das kommt drauf an«, sagte Finchens Mutter.
»Wenn du willst, kannst du zu Oma. Aber Lenas Mutter sagt, du könntest auch solange bei Lena bleiben.«

»Bei Lena!« rief Finchen und hüpfte im Bett auf und ab. »Bei Lena! Ich schlafe bei Lena!«
»Ist ja schon gut. Jetzt lieg still.« Finchens Mutter knipste das Licht aus und wollte hinuntergehen.
»Mama!« rief Finchen.
»Was ist denn jetzt noch?« fragte Finchens Mutter.
»Rotbart ist nicht da!« sagte Finchen.
Rotbart war Finchens Katze, und sein Körbchen stand neben Finchens Bett.
»Rotbart ist draußen und spielt«, sagte Finchens Mutter.
»Aber er soll in seinem Korb sein«, sagte Finchen.
»Ich will ihm erzählen, daß ich bei Lena schlafe. Warum geht er denn immer im Dunkeln raus zum Spielen?«
»Katzen spielen gern nachts draußen«, sagte Finchens Mutter. »Weil sie im Dunkeln gut sehen können. Ich bringe ihn hoch, wenn er reinkommt. Und jetzt schlaf schön.«
Aber Finchen konnte lange nicht einschlafen, weil

sie ganz aufgeregt war bei dem Gedanken, bei Lena zu schlafen. Rotbart ging überhaupt nicht schlafen. Er blieb die ganze Nacht draußen, und am nächsten Tag, als Finchen auf der Treppenstufe saß und in ihrem Buch über Soldaten las, legte er sich zusammengerollt in die Ecke in einen kleinen Sonnenfleck und schlief ein.
Robert kam die Straße herauf, er spielte Batman. Seine kleine Schwester lief hinter ihm her.

»Willst du mitspielen?« rief Robert Finchen zu. »Du kannst Robin spielen. Sie fällt immer hin, wenn wir schnell rennen.«

»Ich spiel nicht mit«, sagte Finchen. »Ich lese.«

»Bücher sind Mist«, sagte Robert. »Was ist es überhaupt für eins?«

»Ein Buch über Soldaten«, sagte Finchen. »Ich werde mal Soldat, wenn ich groß bin.«

»Wirst du nicht«, sagte Robert. »Nur Jungen können Soldaten werden. Mädchen sind viel zu schwach. Du willst ja nicht mal Batman spielen.«

»Ich bin nicht schwach«, sagte Finchen. »Ich kann dir gleich mal eine runterhauen. Und wenn du Lena was tust, kriegst du eine Abreibung, weil sie nämlich meine beste Freundin ist!«

»Eine alte Petzkuh ist die!« sagte Robert. »Sie hat mich verpetzt, weil ich die Wäsche dreckig gemacht habe.« Dann sagte er zu seiner kleinen Schwester: »Los, weiter!« Und weg waren sie.

Finchen las laut vor, so daß Rotbart zuhören konnte.

Rotbart klappte ein Auge auf, dann ließ er es wieder zufallen.

Aus dem Nachbarhaus kam Lena und setzte sich auf die Treppenstufe zwischen Finchen und Rotbart. Als Finchen aufhörte zu lesen, fragte Lena: »Ist das der Schluß?«

»Nein«, sagte Finchen. »Aber ich will mir noch was für später aufheben, und wenn ich groß bin, werde ich ein Soldat mit roter Uniformjacke – wie der hier.« Und sie zeigte Lena das Bild in ihrem Buch.

»Du hast gesagt, du wirst Ballettänzerin«, sagte Lena.

»Ich werd beides«, sagte Finchen.

»Ich werd mal Krankenschwester«, sagte Lena. »Und nächstes Weihnachten kriege ich eine Schwesterntracht. Meine Mama hat gesagt, du schläfst bei uns. Kommt Rotbart auch mit?«

»Nein«, sagte Finchen. »Katzen mögen nämlich keine anderen Wohnungen. Hat meine Mama gesagt. Deine Mama soll ihm sein Futter bei uns zu Hause geben und ihn nachts zum Spielen rauslassen.«

»Warum will er nachts draußen spielen?« fragte Lena.
»Weil er im Dunkeln gut sehen kann«, sagte Finchen.
Finchens Mutter machte die Haustür auf. Sie hatte ihre große Tasche für die Reise in der Hand und Finchens kleine Tasche für die Übernachtung bei Lena.
»Komm«, sagte sie.
»Ich bin fertig.« Dann gingen sie zusammen zu Lena.
Bevor Finchens Mutter zum Zug ging, sagte sie: »Sei ein braves Mädchen. Zank dich nicht mit

Lena. Iß, was auf den Tisch kommt. Vergiß das
Zähneputzen nicht. Mach Lenas Mama keinen Ärger.
Hörst du mir auch zu?«
»Ja«, sagte Finchen. »Aber Mama? Ich kann doch
Soldat werden, wenn ich groß bin, oder?«
»Ich dachte, du wolltest Ballettänzerin werden«,
sagte Finchens Mutter. »Nun denk dran, was ich dir
gesagt habe!«
»Aber kann ich?« fragte Finchen.
»Kannst du was?« sagte Finchens Mutter.
»Soldat werden!« sagte Finchen.
»Natürlich kannst du, wenn du tapfer und stark bist.
Jetzt vergiß nicht, was ich dir wegen Lena gesagt
habe, und denk dran, bitte und danke zu sagen. Ich
bring dir auch was Schönes mit, wenn ich
wiederkomme.« Und dann ging Finchens Mutter weg.
Finchen und Lena rannten in Lenas Zimmer hinauf
und tobten auf den Betten herum und kicherten und
bewarfen einander mit Kissen und kippten Lenas
Spielsachen auf dem Boden aus und sahen sich so

lange in die Augen, bis eine weggucken mußte, und streckten einander die Zungen raus und lachten und prusteten so viel, daß sie schließlich ganz erhitzt und außer Atem waren. Da rief Lenas Mutter:
»Lena! Finchen! Runterkommen zum Abendessen!«
Und dann gingen sie hinunter.
Am Tisch glucksten und quiekten sie, sprudelten und zogen Grimassen, und Lenas Mutter sagte: »Nun benehmt euch aber mal!« Und sie gab jedem ein gekochtes Ei.
Finchen dachte daran, danke zu sagen. Dann dachte sie an etwas anderes. Sie sah das gekochte Ei an, das

kein Gesicht hatte, und da dachte sie an Henrietta.
Finchens Mutter malte immer ein Grinsegesicht auf
Finchens Ei. Aber Finchens Mutter war weggefahren,
und Finchen wußte nicht mehr, wann sie
wiederkommen würde. Das Ei war bleich, und es
lachte kein bißchen. Finchen war bleich, und sie
lachte auch kein bißchen. Sie hatte einen dicken
Kloß in der Kehle, und sie wollte das abscheuliche Ei
nicht essen.
»Was ist denn?« fragte Lenas Mutter. »Magst du
keine Eier?«
»Ihre Mama malt immer was auf ihr Ei«, sagte
Lena. »Ich hab's gesehen, als ich zum Abendessen
da war.«
»Auf Eßsachen malt man nichts!« sagte Lenas
Mutter. »Nun eßt. Nehmt euch Brot.«
Finchen nahm eine Scheibe Brot. Sie dachte daran,
danke zu sagen. Dann dachte sie an etwas anderes.
Ihre Mutter schnitt ihr das Brot immer in Streifen
zurecht – wie Soldaten. Aber Finchens Mutter war

weggefahren, und Finchen wußte nicht mehr, wann sie wiederkommen würde.

»Nun, was ist?« fragte Lenas Mutter.

»Ihre Mama schneidet ihr das Brot immer in Streifen«, sagte Lena. »Ich hab's gesehen, als ich zum Abendessen da war.«

»Mit Eßsachen soll man nicht rumspielen«, sagte Lenas Mutter. »Man soll sie essen.« Dann stand sie auf, um frischen Tee zu kochen.

Finchen hatte einen großen Becher Tee mit Milch vor sich stehen. Sie trank einen kleinen Schluck, um den Kloß in ihrer Kehle hinunterzuspülen, aber er ging nicht weg. Dann fiel ihr etwas ein. Sie konnte – wenn Lenas Mutter nicht hersah – ihr Brot selbst in Soldatenstreifen schneiden. Da war auch rote Marmelade. Wenn sie rote Marmelade daraufschmierte, waren es rote Soldaten. Finchen nahm ihr Messer in die Hand und angelte nach der Marmelade. Auf einmal machte es *platsch*. Finchens großer Becher Tee kippte um, und der Tee lief nach

allen Seiten auseinander. Über das ganze Tischtuch und über das Brot auf Finchens Teller, über ihren Rock, über ihre Beine und in ihre Gummistiefel.
»Um Himmels willen!« rief Lenas Mutter, und sie zerrte Finchen vom Tisch weg. Tee tröpfelte auf den Boden.
»Wie, um alles in der Welt, hast du denn das angestellt?« rief Lenas Mutter.
Finchen sagte nichts, weil sie es nicht wußte.
Lenas Mutter wollte den Tee aufwischen, aber sie mußte alle Teller wegrücken und das Tischtuch abnehmen, und überall waren Pfützen. Lenas Mutter war sehr wütend.
Finchen stand ganz still, und der Tee machte dip, dip, dip, als er von ihrem Rock hinunter auf den Boden tröpfelte. Ihre Beine waren feucht vom Tee, der Kloß in ihrer Kehle tat weh, und ihr Gesicht war heiß vor Angst.
»Ich will zu meiner Mama«, sagte sie ganz leise, aber niemand hörte es.

Lenas Mutter war so ärgerlich, daß sie zu Finchen
und Lena sagte, sie sollten sofort ihre Schlafanzüge
anziehen und sich zum Schlafengehen fertigmachen.
Lena sagte nichts. Sie beachtete Finchen gar nicht.
Als sie ins Bett gingen, spielte sie einfach mit ihrer
Puppe. Sie zog sie aus und zog ihr ein Nachthemd an.
Finchen hatte ihre Puppe mitgebracht, aber sie hatte
kein Nachthemd für sie. Unter der Bettdecke drückte
sie ihre Puppe fest an sich und wartete, daß Lenas
Mutter käme und das Licht ausknipste. Aber es kam
niemand.

Finchen wartete eine ganze Weile, dann sagte sie zu
Lena: »Kommt deine Mama?«

»Nein«, sagte Lena. »Sie hat mit dem Baby zu tun.«

»Macht keiner das Licht aus?« fragte Finchen.

»Nein«, sagte Lena. »Ich schlafe mit Licht an.«
Und sie kehrte Finchen den Rücken zu und spielte
noch ein bißchen mit ihrer Puppe. Dann schlief
sie ein.

Finchen schlief nicht ein. Sie hatte Hunger und

Durst. Wie soll man schlafen, wenn man Hunger und Durst hat?
Und das Licht war an. Wie soll man schlafen, wenn das Licht an ist?
Dann fing das Baby an zu schreien. Man kann nicht schlafen, wenn ein Baby schreit.
Mit offenen Augen lag Finchen da und überlegte. Es macht Spaß, wenn man bei der Freundin übernachten darf, aber nach einer Weile will man eben doch wieder nach Hause. Finchen wollte nach Hause. Sie wollte zu ihrer Mama. Sie weinte ein bißchen, aber dann hörte sie wieder auf, denn schließlich – was hat Weinen für einen Zweck, wenn es keiner hört?
Da fing das schreckliche Geräusch an.
Zuerst war es eine leise, grummelnde Stimme. Sie sagte keine Wörter, sie machte nur:
»Mmmmmmmmmmmm!« Dann folgte ein lautes, fauchendes Geräusch: »Sssssssscht!«
Dann, unter schauerlichem Geheule ein

schreckenerregender Singsang: »Iiiiiiiiiau-ou-oooo! Iaaaaaaaaaaaauu!«
Finchen steckte den Kopf unter die Bettdecke und die Finger in die Ohren, und in ihrer Brust machte es bum-bum-bum. Unter der Bettdecke weinte sie, so

laut sie konnte, auch wenn es keiner hörte, denn es war besser, sich selbst weinen zu hören als dieses entsetzliche Geräusch. Als sie zu müde zum Weinen war, schlief sie ein.

Am nächsten Tag, als Finchen und Lena auf Lenas Treppenstufe vor dem Haus saßen und etwas ausschnitten, ging es Finchen nicht besonders gut. Sie schnitt gerne aus, aber heute machte es ihr gar nicht viel Spaß – obwohl sogar Goldpapier dabei war. Sie hatte ein Stechen in der Brust, und sie konnte kaum atmen.

Gerrit kam aus seinem Haus. Als er vor ihnen stand, sagte er zu Lena: »Paß bloß auf, du! Robert kriegt dich schon noch, weil du ihn verpetzt hast!«
»Kriegt er nicht!« sagte Finchen. »Wenn er nämlich Lena was tut, verhau ich ihn!«
»Robert kann jeden verhauen!« sagte Gerrit.
»Ha, kann er nicht«, sagte Finchen. »Ich bin stärker als er, und wenn ich groß bin, werd ich Soldat, er soll lieber selber aufpassen!«

»Das sag ich ihm«, rief Gerrit und lief schnell davon.

Finchens Oma kam mit ihrer Einkaufstasche die Straße herauf. Sie schenkte Finchen und Lena ein Bonbon, dann sagte sie zu Finchen: »Eben habe ich Lenas Mutter im Laden bei Frau Bock getroffen. Sie hat gesagt, du hättest gestern abend gar nichts gegessen. Wie kommt denn das?«

»Ich weiß nicht«, sagte Finchen.

»Heute mittag kommst du zu mir zum Essen«, sagte Finchens Oma. »Ich mache Kartoffelbrei. Den magst du doch, oder?«

»Ja«, sagte Finchen, und zum Mittag ging sie zu ihrer Oma.

Sie aß einen großen Teller Kartoffelbrei, und ihre Oma fragte: »Geht es dir jetzt besser?«

»Ja«, sagte Finchen. »Aber in der Brust tut es mir weh.«

Die Oma befühlte Finchens Stirn.

»Hab ich Fieber?« fragte Finchen.

»Nein«, sagte Finchens Oma. »Du bist nur ein wenig durcheinander, das ist alles. Gefällt es dir nicht bei Lena?«

»Ein bißchen schon«, sagte Finchen. »Aber ich will lieber nach Hause.«

»Na, morgen, wenn deine Mutter wiederkommt, kannst du nach Hause.«
»Aber ich will heute nicht noch mal bei Lena schlafen«, sagte Finchen. »Da ist nämlich ein Geräusch.«
»Was für ein Geräusch?« fragte Finchens Oma.
»Ein schreckliches Geräusch«, sagte Finchen und versuchte, das Geräusch nachzumachen, aber es klang so komisch, daß ihre Oma nur lachte.
»Erzähl mir nicht, daß ein großes Mädchen wie du vor so einem komischen Geräusch Angst hat. Du hast doch nicht wirklich Angst, oder?«
»Nein ...« sagte Finchen, aber sie sagte es mit geschlossenen Augen, denn es war eine Lüge.
»Bist ein tapferes Mädchen«, sagte Finchens Oma. »Deine Mutter wird wissen wollen, ob du tapfer gewesen bist, während sie weg war, nicht?«
»Ich *bin* tapfer«, sagte Finchen. »Ich verhau Robert, wenn er Lena was tut. Er ist größer als ich, aber ich hab keine Angst vor ihm.«

»Dann ist es nicht besonders tapfer, sich mit ihm zu schlagen, wenn du keine Angst vor ihm hast«, sagte Finchens Oma. »Tapfer muß man sein, wenn man Angst hat.«

Finchen überlegte eine Weile, dann sagte sie: »Zum Beispiel, wenn da ein Geräusch ist?«

»Ja, genau«, sagte Finchens Oma. »Hast du Lenas Mutter von dem Geräusch erzählt?«

»Nein«, sagte Finchen. »Sie würde es Lena sagen, und Lena würde es Gerrit sagen, und Gerrit würde es Robert sagen, und der würde sagen, ich bin schwach, und ich kann kein Soldat werden, wenn ich groß bin, weil ich ein Mädchen bin.«

»Also«, sagte Finchens Oma, »ich werde es niemandem sagen, und morgen kommt deine Mutter wieder nach Hause. Eine Nacht kannst du doch noch ein tapferer kleiner Soldat sein, nicht?«

Finchen überlegte eine Weile, dann sagte sie: »Ich glaube, ich werd doch lieber Ballettänzerin. Dann muß ich nicht tapfer sein, oder?«

»O doch!« sagte Finchens Oma. »Ballettänzerinnen müssen auf die Bühne gehen und vor Hunderten von Menschen tanzen, und sie müssen hoch springen und dürfen keine Angst vor Stürzen haben. Und dann müssen sie ganz viel reisen und in fremden Zimmern schlafen, genau wie du jetzt bei Lena.«
»Und sie hören Geräusche?« fragte Finchen.
»Alle möglichen Geräusche«, sagte Finchens Oma. »Aber deshalb müssen sie trotzdem dort schlafen, weil sie früh aufstehen und trainieren müssen.«
»Hm...« machte Finchen.
Dann schenkte ihr die Oma eine Mohnschnecke, und Finchen ging wieder zu Lena.
Am Nachmittag legten Finchen und Lena ihre Puppen zum Schlafen in Lenas quietschenden Puppenwagen und schoben ihn bis ans andere Ende der Straße. Als sie an der Ecke waren, kam Robert auf sie zugerannt und hinter ihm Gerrit. Robert hielt Lena die Faust unter die Nase und rief: »Du hast mich verpetzt, und jetzt kriegst du Dresche!«

Lena schrie, so laut sie konnte.
»Laß sie bloß in Ruhe!« sagte Finchen. Aber Robert packte Lena an der Jacke, stieß sie zu Boden und riß ihre Puppe aus dem Wagen.
»Hier, Gerrit!« brüllte er. »Fang die Puppe, los, die machen wir kaputt!«
Lena heulte und schrie, aber Finchen sprang auf Robert los, stieß ihn um und schlug ihn.
»Laß mich los!« brüllte Robert. »Laß mich los!«
»Wehe, wenn du Lena nicht in Ruhe läßt!« rief Finchen. Als sie ihn aufstehen ließ, rannte er davon.

Dann ging Finchen zu Gerrit, er
gab ihr Lenas Puppe zurück und
sagte: »Ich hab sie nicht angerührt!
Ich hab sie nicht kaputtgemacht!«
»Paß bloß auf, Gerrit, das sag
ich dir!« rief Finchen.
Sie nahm die Puppe, gab Gerrit
einen kleinen Schubs – und
er rannte davon.
Lena weinte immer noch.
Finchen legte den Arm um sie
und sagte: »Hier ist deine Puppe. Du kannst jetzt
aufhören zu weinen. Keiner tut dir was.«
Aber Lena weinte auf dem ganzen Heimweg, so laut
sie konnte. Ihre Mutter hörte es und kam aus dem
Haus.
»Was ist denn los?« fragte Lenas Mutter. »Warum
weinst du?«
Und Lena heulte und schluchzte und sagte: »Finchen
hat sich geprügelt!«

»*Geprügelt?*«
»Mit Robert und Gerrit«, sagte Lena. »Und sie haben mit meiner schönsten Puppe rumgeworfen, und jetzt ist sie ganz zerkratzt!«
»Ich mußte Robert verhauen«, sagte Finchen, »weil er nämlich ...«
»Rein jetzt mit euch!« rief Lenas Mutter. Und als sie in der Küche waren, hielt sie Finchen fest und schimpfte: »Nun schau dir deine Sachen an!«
Finchen schaute. Ihre Rocktasche war ein bißchen eingerissen.
»Und dein Rock ist ganz schmutzig!« schimpfte Lenas Mutter.
Finchen fand nicht, daß ihr Rock schmutzig aussah. Nur ein ganz kleines bißchen vielleicht, aber Lenas Mutter sagte, sie solle ihn ausziehen und einen von Lena anziehen.
»Ich mach mich nie schmutzig!« sagte Lena.
Zum Abendessen gab es Bohnen. Finchen aß gern Bohnen, nur heute nicht. Sie mußte ganz langsam

essen, weil sie Angst hatte, Lenas Rock zu bekleckern, und so wurden die Bohnen kalt. Kalt schmecken Bohnen nicht besonders gut.
»Deine Mutter hat mir gesagt, du ißt alles!« schimpfte Lenas Mutter. »Früher hast du doch Bohnen gegessen, wenn du zum Abendessen bei uns warst. Ich weiß gar nicht, was ich dir noch geben soll!«
Erwachsene schimpfen immer. Selbst wenn man nichts umwirft und nichts verschüttet, wenn man einfach nur dasitzt und gar nichts macht, schimpfen sie.
Lenas Mutter sagte: »Ich gehe jetzt nach nebenan, gebe Rotbart was zu fressen und laß ihn raus. Ihr zwei könnt eine halbe Stunde fernsehen, und dann ab ins Bett!«
Als sie im Bett lagen und Lena ihre Puppe auszog, sagte sie: »Meine schönste Puppe ist zerkratzt, und du bist schuld!« Dann schlief sie ein, und das Licht brannte.

Finchen konnte nicht schlafen, wenn das Licht brannte. Dann konnte sie nicht schlafen, weil das Baby anfing zu schreien.
Dann kam das Geräusch.
Erst die leise grummelnde Stimme:
»Mmmmmmmmmmmmmmmmmm!« Dann das laute Fauchen: »Sssssssscht!« Dann das schauerliche Heulen und der schreckenerregende Singsang:
»Iaaaauu-ou-aaoou!«
Finchen kroch unter die Bettdecke und machte die Augen fest zu. Sie steckte die Finger in die Ohren und hörte, wie es in ihrer Brust bum-bum-bum machte. Dann hörte das Geräusch auf, und Finchen schlief ein.
Am nächsten Tag spielten Finchen und Lena Einkaufen. Sie legten ihre Puppen in Lenas quietschenden Puppenwagen und machten sich auf den Weg. Lena hatte sich eine Handtasche von ihrer Mutter über den Arm gehängt, und mit beiden Händen schob sie den Puppenwagen. Finchen durfte

nur mit einer Hand am Griff anfassen, weil der Puppenwagen Lena gehörte. Finchen war müde, und das Stechen in ihrer Brust war immer noch da. Als sie am Ende der Straße angekommen waren und um die Ecke bogen, sagte Finchen: »Jetzt bin ich dran mit Taschetragen.«

»Du darfst sie nicht tragen«, sagte Lena. »Sie gehört

meiner Mama, und sie hat gesagt, ich soll aufpassen, daß du sie nicht anfaßt, weil du alles dreckig machst.«
»Hat sie nicht!« sagte Finchen.
»Doch, hat sie«, sagte Lena. »Nur ich darf damit spielen.«
»Dann spiele ich nicht mehr mit dir«, sagte Finchen.
»Du mußt aber mit mir spielen«, sagte Lena. »Sonst sag ich es meiner Mama, und dann haut sie dich.«
»Immer mußt du petzen«, sagte Finchen. »Robert hast du verpetzt, weil er die Wäsche dreckig gemacht hat, und dann hast du mich verpetzt, weil ich mich mit ihm geschlagen habe. Ich verpetz nie jemanden.«
»Du kannst ja gar niemanden verpetzen«, sagte Lena, »weil du keine Mama hast, der du es sagen kannst!«
»Hab ich schon!« rief Finchen.
»Hast du nicht«, sagte Lena. »Sie ist weggefahren, und sie kommt nie wieder, und bei uns kannst du nicht länger bleiben, weil ich nicht mehr deine Freundin bin, deshalb mußt du draußen auf der Treppe schlafen.«

Als sie wieder vor Lenas Haus angekommen waren, ging Lena hinein und machte die Tür hinter sich zu. Finchen ging davon und setzte sich auf ihre eigene Treppenstufe. Sie schaute die Straße rauf und runter, aber ihre Mutter kam nicht. Finchen wartete und wartete und wartete, aber ihre Mutter kam nicht. Der Schmerz in ihrer Brust wurde immer heftiger. Finchen wollte nicht weinen, aber schließlich liefen ihr doch ein paar Tränen aus den Augen. Finchen wischte sie weg, aber da kamen noch mehr. Lena sollte sie nicht weinen sehen, deshalb legte Finchen den Kopf auf die Knie.

»Ich will zu meiner Mama!« flüsterte sie ihren Gummistiefeln zu, und dann fing sie richtig an zu weinen. Sie weinte und schluchzte eine ganze Weile, dann spürte sie plötzlich eine Hand auf dem Kopf, und eine Stimme sagte: »Finchen.«
Und als sie aufsah, stand ihre Mutter vor ihr.
»Du weinst doch wohl nicht?« fragte Finchens Mutter.
»Nein«, sagte Finchen mit zugekniffenen Augen.
»Komm rein«, sagte Finchens Mutter, »wir machen uns einen schönen Tee.«
Dann kam Finchens Oma und brachte Törtchen mit, und sie tranken zusammen Tee.
»Bei Lena war es nicht besonders schön«, sagte Finchen.
»Wie kommt denn das?« fragte Finchens Mutter.
»Weil da ein Geräusch war«, sagte Finchen. »Zuerst hat es ›Mmmmmmmmmmmm‹ gemacht und dann ›Sssssscht‹ und dann ›Iiiiauou-ooooo‹!«
Finchens Mutter lachte, dann sagte sie: »Ich weiß,

wer dieses Geräusch gemacht hat, und du kennst ihn auch. Es ist jemand, der nachts draußen spielt und auf dem Dach sitzt und singt, nur daß er kein sehr guter Sänger ist.«
»Wer ist das?« fragte Finchen.
»Rotbart!« sagte Finchens Mutter.
»Ich hab nicht gewußt, daß es Rotbart war«, sagte Finchen. »Sonst hätt ich keine Angst gehabt.«

»Na siehst du«, sagte Finchens Mutter. »Man muß nur immer so tapfer wie möglich sein. Manches, wovor man Angst hat, ist in Wirklichkeit gar nichts zum Angsthaben. Stimmt's, Rotbart?«
»Iiiau«, machte Rotbart. Dabei sah er Finchen an, und sie mußte lachen.
»Und jetzt«, sagte Finchens Mutter, »hab ich ein Geschenk für dich.« Und sie holte ein Päckchen aus ihrer Tasche. In dem Päckchen war ein Kästchen zum Durchgucken, und in dem Kästchen war ein wunderschöner Soldat mit leuchtend roter Uniformjacke. »Ein tapferer kleiner Soldat«, sagte Finchens Mutter. »So einer wie du.«

Finchen und die Hochzeit

Finchen saß vor ihrem Mittagessen, aber es schmeckte ihr nicht. Die Sonne schien, und Finchen wollte draußen mit Lena spielen, aber sie mußte erst aufessen.

»Das Fleisch mag ich nicht«, sagte Finchen.

»Setz dich vernünftig hin«, sagte Finchens Mutter, »und iß auf.«

Wenn einem das Essen nicht schmeckt, werden die Sachen auf dem Teller mehr und mehr statt weniger. Aber Finchen hatte einen besonderen Trick, den sie anwandte, wenn ihr das Essen nicht schmeckte: sie

machte alles nach, was ihre Mutter machte. Wenn ihre Mutter ein Stück Fleisch aß, aß Finchen auch ein Stück Fleisch. Wenn ihre Mutter Kartoffel und Erbsen auf ihre Gabel nahm, nahm Finchen auch Kartoffel und Erbsen auf ihre Gabel. Wenn ihre Mutter einen Schluck Wasser trank, trank Finchen auch einen Schluck Wasser. Wenn ihre Mutter aus dem Küchenfenster sah und nachdenklich die Stirn runzelte, sah Finchen auch aus dem Küchenfenster und runzelte nachdenklich die Stirn.
»Was ist?« fragte Finchens Mutter. »Du machst ja so ein ernstes Gesicht!« Und sie aß Kartoffel und Soße.
»Ich esse«, sagte Finchen, und sie aß Kartoffel und Soße. Dann sagte sie: »Mama? Ich bin fertig. Darf ich Emmis Brautkleid anschauen, bevor ich rausgehe?«
»Sie heißt nicht Emmi«, sagte Finchens Mutter. »Sie heißt Emma. Wasch dir erst die Hände, dann zeige ich es dir. Und denk dran, was ich dir gesagt habe: niemals allein ins Wohnzimmer gehen, wenn ich Brautkleider nähe. Ein Fleck, und sie sind ruiniert.«

Finchen wusch sich die Hände.

Das Wohnzimmer, in dem ihre Mutter immer nähte, lag voller weißer und rosa Stoffstreifen, Spitzenreste und Seidenpapier.

»Also dann schau«, sagte Finchens Mutter, hob das Brautkleid mit dem Bügel hoch und nahm die Schonhülle ab. Finchen hielt die Luft an und staunte. Es raschelte leicht, der Rock war schimmernd und weiß wie Zuckerguß, und das Oberteil war duftig und weiß wie Blüten.

»Gefällt es dir?« fragte Finchens Mutter.

»Ja«, hauchte Finchen, und ihre Mutter ließ das Kleid wieder unter der Hülle verschwinden.

»Heirate ich auch mal, wenn ich groß bin?« fragte Finchen.

»Natürlich«, sagte Finchens Mutter. »Und dann nähe ich dir auch so ein Kleid. Wen willst du heiraten? Gerrit?«

»Nein«, sagte Finchen. »Der ist eine Heulsuse. Ich heirate lieber Robert.«

»Ach so. Und weißt du auch, wen Emma heiratet?« fragte Finchens Mutter.
»Nein«, sagte Finchen.
»Sie heiratet Lenas Onkel Simon«, sagte Finchens Mutter.
»Aber man darf doch keinen Onkel heiraten!« rief Finchen.
»Er ist nicht Emmas Onkel«, sagte Finchens Mutter. »Er ist nur Lenas Onkel.«
»Und muß sie ihn küssen?« fragte Finchen.
»Natürlich«, sagte Finchens Mutter.
»Also, dann heirate ich lieber nicht«, sagte Finchen. »Weil ich nämlich Robert nicht küsse. Er hat lauter dreckiges Zeug in seinen Hosentaschen.«
»Ach, ja?«
»Ja«, sagte Finchen. »Dreckige Schnüre und Steine und einen toten Käfer in einer Streichholzschachtel, und ich kann den Geruch nicht leiden. Darf ich jetzt raus und spielen?«
Als Finchen die Haustür aufmachte und eben

rausgehen wollte, sah sie Frau Bock aus dem Laden gegenüber mit Emma über die Straße kommen. Frau Bock war Emmas Mutter, und Emma kam gerade, um ihr Hochzeitskleid anzuprobieren.
»Hallo Finchen!« sagte Frau Bock. »Ist deine Mutter zu Hause?«
»Ja«, sagte Finchen, und dann brüllte sie: »Mama! Frau Bock ist da und Emmi!«
»Nicht Emmi«, sagte Frau Bock. »Emma.«
»Emmi«, sagte Finchen und kniff die Augen zu. Wenn sie wollte, konnte sie natürlich Emma sagen, aber sie sagte so gern Emmi.
Als Frau Bock und Emma hineingegangen waren und die Tür zugemacht hatten, ging Finchen zum Nachbarhaus und rief nach Lena. Lena machte die Tür auf. Sie hatte eine nagelneue Brautpuppe im Arm. Die Puppe hatte ein langes weißes Kleid an, das war fast so schön wie Emmas Brautkleid, und einen Schleier und blondes, lockiges Haar wie Lena.
»Spielst du mit mir?« fragte Finchen.

»Ja, aber wir müssen drinnen spielen«, sagte Lena.
»Weil ich gerade mit meiner Brautpuppe spiele, und wenn ich draußen spiele, mache ich sie schmutzig.«
»Du hast doch noch gar nicht Geburtstag«, sagte Finchen. »Du kriegst eine Brautpuppe zum Geburtstag, hast du gesagt.«
»Meine Mama hat gesagt, ich kann sie schon jetzt haben«, sagte Lena. »Aus einem besonderen Anlaß«, (hat sie gesagt). »Zum Geburtstag kriege ich nämlich

was anderes, und ich habe auch ein Geheimnis, und das darf ich dir nicht sagen, hat meine Mama gesagt.«

»Mir egal«, sagte Finchen, aber sie sagte es mit zugekniffenen Augen, denn es war eine Lüge. Als sie die Augen wieder aufmachte, schaute sie direkt auf Lenas Brautpuppe. Sie war weiß und rosa und neu und hatte so ein Rüschenkleid wie Emma und blondes, lockiges Haar wie Lena, – und Finchen spürte einen Kloß in die Kehle steigen, daß sie fast weinen mußte, weil sie nicht auch so eine Puppe hatte. Aber sie weinte nicht. Sie sagte: »Ich geh zu Gerrit.«

»Mir egal«, sagte Lena, verzog das Gesicht zu einem Lächeln und drückte ihre Brautpuppe fest an sich. Dann ging sie rein und machte die Tür hinter sich zu. Finchen lief davon, aber sie ging nicht zu Gerrit. Sie rannte die Straße hinauf zu dem unbebauten Grundstück neben Herrn Schuhmachers Garten und pflückte Blumen. Sie pflückte Löwenzahn und

Butterblumen und Gänseblümchen und weiße Blumen und rote Blumen, deren Namen sie nicht kannte. Finchen brachte alle Blumen auf die Treppenstufe vor ihrem Haus. Dann setzte sie sich und kramte aus ihrer Tasche ein bißchen Silberpapier und weißes Papier und einen Buntstift. Sie band die Blumen in Sträuße und machte Silberpapier um die Stiele, und sie malte ein Schild: BLUMEN ZU VERKAUFEN. Dann wartete sie auf Kunden. Lena

kam heraus und blieb auf der Treppenstufe stehen – ihre Brautpuppe fest an sich gedrückt –, aber sie kam nicht in Finchens Blumenladen.

Dann kam Gerrit. Er kam die Straße herauf, ließ ein schmutziges kleines Auto über die Fensterbretter fahren und machte dabei leise: »Brrrm! Brrrrrrm! Brrrrm!« Als er zu Finchens Treppenstufe kam, blieb er stehen.

»Was machst du da?« fragte er.

»Hier ist ein Blumengeschäft«, sagte Finchen.

»Und du darfst nur reinkommen, wenn du Blumen kaufst.«

»Ich hab kein Geld«, sagte Gerrit.

»Du mußt kein echtes Geld haben«, sagte Finchen.

»Es kann irgendwas anderes sein.«

»Dann will ich weiße Blumen«, sagte Gerrit.

»Diese hier kannst du nicht haben«, sagte Finchen.

»Die sind nämlich für eine Hochzeit. Du kannst nur Löwenzahn haben.«

»Löwenzahn will ich nicht«, sagte Gerrit. »Wenn du mir keine weißen gibst, hau ich dir eine!«

»O nein, das machst du nicht«, sagte Finchen.

»Wenn du es nämlich probierst, verdresch ich dich.

Du kannst Löwenzahn haben, und du mußt mir was dafür geben.«

Gerrit gab Finchen ein Karamelbonbon. Es war ein bißchen zerdrückt, aber das Papier war noch drum, und es war nicht schmutzig. Finchen gab ihm einen Strauß Löwenzahn, und Gerrit zog ab.

Er schob sein schmutziges kleines Auto über die Fensterbretter und machte dabei: »Brrrrrrm! Brrrrrrm! Brrrrm!«

Lena stand auf ihrer Treppenstufe, ihre Brautpuppe fest an sich gedrückt, und beobachtete alles, aber sie kam nicht in Finchens Blumenladen.

Dann kam Robert. Er hatte seinen Anorak um den Hals gebunden und rannte als Batman über die Straße, und seine kleine Schwester lief hinter ihm her. Vor Finchens Treppenstufe blieben sie stehen.

»Was machst du da?« fragte Robert.

»Hier ist ein Blumengeschäft«, sagte Finchen. »Und du darfst nur reinkommen, wenn du was kaufst.«

»Ich hab kein Geld«, sagte Robert.

»Du mußt kein echtes Geld haben«, sagte Finchen.
»Du kannst mir was anderes geben.«

»Dann will ich weiße Blumen haben«, sagte Robert.
»Die kann ich meiner Mutter schenken.«

»Die hier kannst du nicht haben«, sagte Finchen.
»Weil sie für eine Hochzeit sind. Du kannst nur Löwenzahn haben.«

»Löwenzahn ist Unkraut«, sagte Robert. »Löwenzahn pflücken kann jeder.«

»Aber dieser Löwenzahn ist was Besonderes«, sagte Finchen. »Besonders groß und besonders schön und mit Silberpapier außen rum.«

»Also gut«, sagte Robert, und er nahm einen Strauß Löwenzahn. Dann sagte er: »Hier. Du kannst das Punkt-zu-Punkt-Bild aus meinem Comic haben.« Und er zog ein zusammengefaltetes Stück Papier aus seiner Tasche.

»Wenn es dreckig ist, will ich es nicht«, sagte Finchen. »Und auch nicht, wenn du drauf rumgekritzelt hast.«

»Ich hab nicht drauf rumgekritzelt«, sagte Robert. Er gab Finchen das Punkt-zu-Punkt-Bild. Dann sagte er zu seiner kleinen Schwester: »Los, komm.«
Aber Roberts kleine Schwester wollte nicht gehen.
»Was hast du denn?« sagte Robert. »Los, komm!«
Aber Roberts kleine Schwester wollte nicht gehen.

Sie sagte nichts und fing
an zu weinen.
»Was hast du?« fragte Robert.
»Was hast du?« fragte Finchen.
Roberts kleine Schwester heulte
weiter, und sie wollte
nicht gehen.
»Ich weiß«, sagte Finchen.
»Vielleicht will sie ein
paar Blumen? Willst du ein paar
Blumen?«
Roberts kleine Schwester hörte auf zu weinen und
wartete. Finchen gab ihr einen kleinen Strauß
Gänseblümchen mit Silberpapier um die Stiele.
»Du mußt dafür bezahlen«, sagte Robert.
Roberts kleine Schwester hielt in der einen Hand
ihren Strauß Gänseblümchen, und mit der anderen
suchte sie eine ganze Weile in ihrer Tasche herum.
Dann zog sie eine rosa Brosche heraus und gab sie
Finchen.

»Die willst du wirklich verschenken?« fragte Finchen.
»Ist schon in Ordnung«, sagte Robert. »Sie gehört ihr nicht. Sie hat sie unten bei den Schaukeln gefunden. Los, komm!«
Robert rannte wieder die Straße hinunter und spielte Batman, und seine kleine Schwester lief hinter ihm her.
Lena stand auf ihrer Treppenstufe, ihre Brautpuppe fest an sich gedrückt, und beobachtete alles, aber sie kam nicht in Finchens Blumenladen.
Finchen ordnete ihre Blumensträuße und summte eine kleine Melodie vor sich hin. Dann heftete sie die rosa Brosche an ihre Strickjacke, wickelte das Karamelbonbon aus, steckte es in den Mund und setzte sich, um mit ihrem Buntstift das Punkt-zu-Punkt-Bild zu machen. Sie war fast damit fertig, als jemand in ihr Geschäft kam. Es war Lena mit ihrer neuen Brautpuppe.
»Kann ich Blumen kaufen?« fragte Lena.
»Das kommt drauf an«, sagte Finchen.

»Aber kann ich?« fragte Lena. »Dann darfst du nachher auch mal meine Brautpuppe halten.«
»Also gut«, sagte Finchen. »Du kannst meine schönsten weißen Blumen haben, weil die für eine Hochzeit sind, und deine Brautpuppe darf sie halten.«
»Sie kann auch damit hin und her gehen«, sagte Lena. »Es ist eine Laufpuppe.«
Finchen steckte der Brautpuppe einen Strauß weißer Blumen zwischen die spitzen Finger.

»Muß ich bezahlen?« fragte Lena.
»Nein«, sagte Finchen. »Weil du meine beste Freundin bist, nur, du darfst nicht so unausstehlich sein.« Dann sprang sie auf und rief: »Ich weiß! Wir verkleiden uns als Bräute, dann pflücken wir noch mehr Blumen für Kränze und Sträuße.«
Sie liefen also beide in ihre Häuser, und als sie wieder herauskamen, hatten sie über ihre Kleider alte Unterröcke von ihren Müttern gezogen.
»Deiner ist hinten zerrissen«, sagte Lena. »Die Spitze ist lose.«
»Das macht nichts«, sagte Finchen. »Man sieht es ja nicht, weil es hinten ist.«
Sie ließen Lenas Brautpuppe auf Finchens Treppenstufe liegen und rannten die Straße hinauf zu dem unbebauten Grundstück, um noch mehr Blumen zu pflücken. Finchen war gut im Blumenpflücken. Sie suchte die größten aus und pflückte sie vorsichtig. Lena pflückte einfach alles, und sie riß so daran, daß Wurzeln und Erde mitkamen.

»Meine sind nicht so schön wie deine«, sagte Lena.
»Du darfst sie nicht abreißen«, sagte Finchen, und sie machte behutsam mit Fingern und Fingernägeln die Wurzeln und Erdbrocken von Lenas Blumen ab. Ein paar warf sie weg, weil sie nichts taugten. Dann bückten sich Finchen und Lena wieder und pflückten weiter.
»Weiße sind keine mehr da«, sagte Lena. »Für eine Hochzeit muß man weiße haben.«
Finchen richtete sich auf und sah sich um. Auf dem unbebauten Grundstück gab es keine weißen Blumen mehr, aber daneben, auf der anderen Seite von Herrn Schuhmachers Schrebergarten, war ein Zaun, und durch den Zaun reckten einige weiße Blumen ihre Köpfe.
»Wir können ein paar von denen da pflücken«, flüsterte Finchen.
»Aber Finchen!« sagte Lena. »Die Blumen gehören Frau Stamm. Sie stehen in ihrem Garten. Du darfst nicht in die Gärten von anderen Leuten gehen, hat

deine Mama gesagt, und letztesmal, als du in einem fremden Garten warst, bist du ausgeschimpft worden!«
»Ich geh nicht rein«, sagte Finchen. »Wir können die Blumen pflücken, die durch den Zaun wachsen.«
»Das ist Stehlen«, sagte Lena.
»O nein, ist es nicht«, sagte Finchen. »Wenn sie durch den Zaun wachsen, sind sie auf dem unbebauten Grundstück, und jeder darf sie pflücken.«
Also pflückten sie die Blumen, die ihre Köpfe durch den Zaun streckten. Dann machten sie Kränze daraus und setzten sie sich auf die Köpfe.
»Wir brauchen noch ein paar für unsere Sträuße«, sagte Finchen und streckte gerade die Hand aus, um noch eine weiße Blume durch den Zaun zu biegen, als jemand mit furchterregender Stimme rief:
»Wer pflückt da meine Blumen? Finchen!«
Finchen und Lena ließen ihre Blumen fallen und rannten, so schnell sie konnten, davon. Sie rannten an der Rückseite ihrer Häuser vorbei und versteckten

sich hinter Wäschestücken, die auf einer Leine hingen. Sie waren außer Atem, und sie hatten Angst, und in Finchens Brust machte es bum-bum-bum. Sie spähten hinter einem feuchten Tuch hervor und sahen Frau Stamm um die Ecke kommen. Sie marschierte im Eilschritt – mit angewinkelten Ellbogen und wütendem Gesicht.
»Sie geht zu euch«, sagte Lena. »Sie verpetzt dich bei deiner Mutter.«
»Dann verpetzt sie dich auch«, sagte Finchen.
»Macht sie nicht«, sagte Lena, »weil nämlich du ihre Blumen gestohlen hast. Ich hab sie nur gehalten.«
»Du bist eine Lügnerin«, sagte Finchen und fing an zu weinen, weil sie Angst vor Frau Stamm hatte.
»Und überhaupt«, sagte Lena, »sie hat mich gar nicht gesehen. Und jetzt hast du's, weil Frau Stamm nämlich eine Hexe ist, die erwischt dich schon! Sie hat schwarzes Haar und dunkelroten Lippenstift, und sie holt sich die Leute, wenn es dunkel ist.«
Da rief Finchens Mutter: »Finchen? Finchen!«

Sie liefen hinter den Häusern entlang und bogen um die Ecke. Als sie zu Hause ankamen, war Finchens Mutter reingegangen. Lena nahm ihre Brautpuppe und sagte: »Morgen spiele ich nicht mit dir, weil du gestohlen hast. Und morgen bin ich sowieso Brautjungfer auf der Hochzeit von meinem Onkel Simon, und es ist ein Geheimnis. Deine Mutter näht mein Kleid, und du darfst nicht mitkommen!«
»Darf ich wohl, wenn ich will«, sagte Finchen.
»Darfst du eben nicht«, sagte Lena. »Weil es nämlich *mein* Onkel ist, und du kannst sowieso keine Brautjungfer sein, weil du häßlich bist, und du hast gar keine Locken.« Und Lena ging hinein.
Die Haustür flog auf, Finchens Mutter kam heraus und rief: »Da bist du ja! Was hab ich dir gesagt? Darfst du in die Gärten anderer Leute gehen?«
»Darf ich nicht«, sagte Finchen, und sie weinte immer noch.
»Ich werd dir gleich Grund zum Weinen geben!« schimpfte Finchens Mutter.

»Ich bin nicht in ihren Garten gegangen«, sagte Finchen. »Überhaupt nicht!«
»Erzähl mir bloß keine Lügen«, rief Finchens Mutter. »Gerade, wo ich soviel mit dieser Hochzeit zu tun habe! Da muß ich nun schon die ganze Nacht durchmachen, um Lenas Kleid fertigzukriegen, und ausgerechnet dann mußt du mir Ärger machen. Rein jetzt, und wasch dich!«
Finchen ging hinein, und sie weinte immer noch. Zum Abendessen hörte sie eine Weile auf zu weinen, aber als sie im Bett war, weinte sie unter der Bettdecke weiter. Sie weinte, weil sie Angst vor Frau Stamm mit ihrem schwarzen Haar und dem dunkelroten Lippenstift hatte. Vielleicht war sie wirklich eine Hexe? Dann weinte sie, weil sie nicht so eine tolle neue Brautpuppe wie Lena hatte. Sie hatte nur eine zerkratzte alte Babypuppe mit einem scheußlichen Kleid. Dann weinte sie, weil sie Mitleid mit ihrer zerkratzten alten Babypuppe hatte, weil sie sie nicht ordentlich liebhatte und sich eine

Brautpuppe wünschte. Unter der Bettdecke drückte sie ihre Puppe fest an sich und liebkoste sie und schnupperte an ihren Wimpern. Dann weinte sie, weil sie häßlich war und keine Locken hatte und keine Brautjungfer sein konnte wie Lena. Als sie mit Weinen fertig war, schlief sie ein.

Der nächste Tag war Samstag, und Finchen hatte den ganzen Vormittag niemanden zum Spielen. Sie saß mit ihrer Puppe auf der Treppenstufe in der Sonne, aber niemand kam zum Spielen heraus. Gerrit kam nicht, weil er mit seiner Mutter einkaufen gegangen war. Robert und Roberts kleine Schwester kamen nicht, weil sie mit ihrem Vater im Park waren. Lena kam nicht, weil sie sich für den Nachmittag, wenn sie Brautjungfer sein würde, extra das Haar machen ließ. Als sie mit ihrer Mutter vom Friseur wiederkam, gingen sie in Finchens Haus, damit Lena das Brautjungfern-Kleid anprobieren konnte. Finchen blieb auf der Treppenstufe sitzen. Als sie

herauskamen, hatte Lenas Mutter ein glänzendes,
rosa Kleid über dem Arm, und Lena sagte: »Ich
hab auch ein Kränzchen und ein Blumenkörbchen.
Und du kommst nicht zu der Hochzeit!«
Zu Mittag ging Finchen hinein.
Nach dem Essen sagte Finchens Mutter: »Ich bin
unheimlich müde. Ich möchte ein bißchen schlafen.
Also, bleib schön hier auf der Treppe.«
Finchen ging hinaus und setzte sich auf die
Treppenstufe. Immer noch war keiner da, mit dem sie
spielen konnte. Dann kam Lena. Sie hatte das lange,
glänzende rosa Kleid an und ein Kränzchen aus rosa
Rosenknospen auf ihrem goldenen, lockigen Haar
und gerüschte weiße Handschuhe und weiße
Söckchen und Sandalen, und in der Hand hielt sie
ein Blumenkörbchen. Sie sagte nichts zu Finchen.
Sie ging mit ihrer Mutter die Straße hinunter zu
Emmas Hochzeitsfeier.
Finchen saß auf der Treppenstufe und drückte ihre
Puppe fest an sich. Da kam Frau Bock. Sie war ganz

in Gelb gekleidet, alles neu, und sie hatte sich die Lippen angemalt. Als sie Finchen sah, kam sie über die Straße und sagte: »Was ist dir denn für eine Laus über die Leber gelaufen? Ist es, weil Lena Brautjungfer ist und du nicht?«

»Nein«, sagte Finchen, aber sie sagte es mit zugekniffenen Augen, denn es war eine Lüge.

»Nun sei mal nicht traurig«, sagte Frau Bock. »Du kannst ja mit deiner Mutter zur Kirche gehen und zuschauen, wie sie alle herauskommen. Möchtest du nicht gern sehen, wie Emma in ihrem weißen Kleid aus der Kirche kommt?«

»Doch«, sagte Finchen.

»Hier«, sagte Frau Bock. Sie holte ein Päckchen Konfetti aus ihrer Handtasche und gab es Finchen. »Das kannst du werfen. Aber du mußt unbedingt mit deiner Mutter gehen, weil es auf der anderen Seite der Hauptstraße ist. Daß du ja nicht allein gehst! Versprichst du mir das?«

»Ja«, sagte Finchen, und sie hielt ihre Puppe und das

Päckchen Konfetti fest an die Brust gedrückt und sagte: »Danke, Frau Bock.« Dann lief sie rein, um es ihrer Mutter zu erzählen.

Finchens Mutter lag auf dem Sofa im Wohnzimmer und schlief. Überall um sie herum auf dem Tisch und auf den Stühlen und auf dem Teppich lagen Stoffreste und Fäden.

»Mama«, flüsterte Finchen. Aber ihre Mutter wachte nicht auf.

»Mama«, sagte Finchen ein bißchen lauter. Ihre Mutter wachte immer noch nicht auf. Sie hatte die Augen fest zu, aber sie sagte mit schläfriger Stimme: »Geh und hol dir was zum Spielen. Ich war die halbe Nacht auf, und ich will mal fünf Minuten Ruhe haben.«

Finchen setzte sich auf einen Stuhl mit Stoffetzen und Fäden darauf, hielt ihre Puppe und ihre Konfettipackung fest an die Brust gedrückt und wartete.

Wenn Erwachsene ›fünf Minuten‹ sagen, weiß man

nie, wie lange es dauert. Soll man in fünf Minuten ins Bett gehen, ist es kurz, wollen sie aber fünf Minuten ihre Ruhe haben, dauert es lange.
Finchen wartete ziemlich lange, dann flüsterte sie: »Mama?«
Finchens Mutter schnarchte jetzt.
»Mama«, sagte Finchen ein bißchen lauter. »Sind schon fünf Minuten vorbei?«
Finchens Mutter machte ihre Augen einen Spalt auf, dann machte sie sie wieder zu. Sie sagte mit schläfriger Stimme: »Warum gehst du nicht raus und schaust zu, wie Emma losfährt?«
Finchen hörte eine Autotür schlagen, und sie sprang auf und lief ans Fenster. Ein großes schwarzes Auto mit weißen Bändern vorne drauf stand draußen vor Frau Bocks Laden. Finchen lief, so schnell sie konnte, zur Haustür, aber als sie sie aufmachte, fuhr das Auto gerade die Straße hinunter. Finchen setzte sich mit ihrer Puppe und ihrer Konfettipackung auf die Treppenstufe und wartete.

Manchmal dauern fünf Minuten *sehr* lange.
Da ging die Haustür auf, und Finchens Mutter kam heraus und schüttelte eine Decke aus.
Finchen sprang auf. »Mama?« sagte sie. »Frau Bock hat gesagt, wir können zur Kirche gehen und zusehen, wie Emmi in ihrem weißen Kleid herauskommt, und ich hab Konfettis zum Werfen gekriegt!«
»Du kannst nicht hingehen«, sagte Finchens Mutter. »Es ist auf der anderen Seite der Hauptstraße.« Und sie schüttelte die Decke heftiger, weil die Fäden nicht abgingen.
»Aber du kannst mich hinbringen«, sagte Finchen. »Frau Bock hat gesagt, du kannst mich hinbringen.«
»Fang nicht an zu quengeln«, sagte Finchens Mutter. »Ich hab so schon genug zu tun. Das ganze Haus steht auf dem Kopf.«
»Aber Mama!« sagte Finchen, und sie fing an zu weinen.
»Was ist nur mit dir los?« sagte Finchens Mutter. »Geh mal zur Seite, du wirst ja ganz staubig.«

»Ich will Emmi in ihrem weißen Kleid sehen«, sagte Finchen, und zwei dicke Tränen rollten ihr über die Wangen.
»Du wirst sie ja sehen«, sagte Finchens Mutter. »Sie kommt mit dem Auto zurück, und wenn sie aussteigt, kannst du deine Konfettis werfen. Willst du ihr nicht eine Hochzeitskarte machen, während du wartest?«
»Mit Silberpapier drauf?« fragte Finchen.
»Wenn du willst«, sagte Finchens Mutter. »Ich hab irgendwo ein Stück für dich aufgehoben, ich glaube, es liegt auf dem Regal in der Küche.«
»Und darf ich einen Bogen Schreibpapier nehmen und die Karte richtig schön machen?« fragte Finchen.
»Na gut«, sagte Finchens Mutter. »Ausnahmsweise.«
Finchen lief hinter ihrer Mutter her ins Haus. Als sie wieder herauskam, hatte sie den langen weißen Unterrock von ihrer Mutter an und Gummistiefel. Sie setzte sich auf die Treppenstufe zu ihrer Puppe, neben sich Papier und Schere und Kleber und Silberpapier und Buntstifte, und fing an, eine Karte

für Emma zu basteln. Auf die Vorderseite klebte sie zwei Glocken aus Silberpapier und schrieb mit blauem Farbstift HOCHZEITSGLOCKEN darunter. Auf die Innenseite malte sie einen Blumenstrauß und schrieb HERZLICHE GRÜSSE VON FINCHEN. Dann stand sie auf, die Karte und ihr Konfettipäckchen in der Hand, und wartete. Sie wartete lange, und dann kam das große schwarze Auto mit den Bändern vorne drauf langsam die Straße heraufgefahren und blieb vor Frau Bocks Laden stehen.

Emma in ihrem schönen weißen Kleid stieg aus.
Finchen hielt die Luft an und starrte Emma an, dann
rief sie: »Emmi! Emmi! Ich hab dir eine Karte zu
deiner Hochzeit gemacht!« Und sie ging auf Emma
zu und hielt ihr die Karte hin.

»Oh«, sagte Emma und beugte sich vor. »Ist die aber
schön! Ist deine Mutter zu Hause, Finchen?«

»Ja«, sagte Finchen, »aber zur Kirche konnten wir
nicht kommen, weil das Haus auf dem Kopf steht und
wir fünf Minuten warten mußten.«

»Ich möchte, daß du ihr das hier gibst«, sagte Emma,
»weil sie sich solche Mühe mit den Kleidern gegeben
hat und weil sie so wunderschön geworden sind!«
Und Emma hielt Finchen ihren großen Brautstrauß
aus duftenden weißen Blumen entgegen.

»Trag ihn vorsichtig«, sagte Emma.

»Ja«, hauchte Finchen, und sie hatte die Arme voller
großer, weißer Blumen, die weich und kühl ihr
Gesicht streiften, und sie konnte vor Duft kaum
atmen.

»Paß auf, daß du sie nicht fallen läßt«, sagte Emma. Finchen steuerte wieder auf ihre Treppenstufe zu, sie hielt den Brautstrauß sehr vorsichtig fest und machte kleine Schritte, damit sie nicht hinfallen konnte. Über die Köpfe der großen Blumen hinweg sah Finchen ihre Mutter an die Tür kommen.
»Schau mal!« rief Finchen. »Mama! Schau doch mal!«
»Ach, das ist ja nett!« sagte Finchens Mutter. »Ich weiß gar nicht, wo wir so eine große Vase hernehmen sollen.« Und dann sagte sie: »Jetzt siehst du wie eine richtige Braut aus mit deinem langen Rock und den Blumen.«
»Mama«, sagte Finchen. »Darf ich sie mal hin und her tragen? Nur ganz kurz? Darf ich?«
»Also, dann los«, sagte Finchens Mutter. »Aber gib mir dein Konfettipäckchen, du kannst nicht beides tragen. Jetzt zeig mal, daß du auch wie eine Braut gehen kannst!«
Finchen schritt die Straße hinunter. Sie mußte sehr

vorsichtig sein, damit sie mit ihren Gummistiefeln nicht auf das eingerissene Stück Unterrock trat, das sie hinter sich herschleifte, aber sie kam bis ans Ende der Straße, ohne zu stolpern. Da sah sie Lena in ihrem rosa Brautjungfern-Kleid kommen, sie hielt ihre Mutter an der Hand.
»Nanu«, sagte Lenas Mutter. »Was ist denn das? Noch eine Hochzeit?«
»Ja«, sagte Finchen. »Und ich bin die Braut.«

Und Lena sagte: »Ich kann deine Brautjungfer sein, ja, Finchen?«

»Also gut«, sagte Finchen. »Du mußt hinter mir gehen.« Und dann gingen sie die Straße hoch. Finchens Mutter und Lenas Mutter und Frau Bock sangen ein Hochzeitslied.

Die Leute in den anderen Häusern hörten es und kamen heraus, um Finchens Hochzeit zu sehen. Gerrit kam heraus, und Robert kam heraus, und Roberts kleine Schwester kam heraus. Und als Finchen und Lena wieder vor Finchens Haus waren, warf Finchens Mutter das Konfetti. Finchen blieb stehen, hielt sich die kühlen weißen Blumen ans Gesicht und schnupperte, und um sie herum wirbelten die bunten Konfettischnitzel. Und als sie sah, daß Frau Bock die Kamera auf sie richtete, um ein Foto zu machen, versuchte sie, den großen Brautstrauß in einem Arm zu halten, so daß sie Lena an die Hand nehmen konnte.

»Lächeln!« rief Frau Bock, und Finchen und Lena

hielten sich an der Hand und lächelten. Auch wenn Lena manchmal ganz unausstehlich war – sie war doch Finchens beste Freundin.

Carolyn Dinan

ALFRED MAUS

Mit Alfred wird der Alltag für Ben zum Abenteuer. Alfred ist eine sprechende Maus mit lauter Dummheiten im Kopf. Überall muß er dabeisein und alles durcheinanderbringen. Auch im größten Chaos ist er immer guter Dinge. Nur als Ben einen Goldfisch mit nach Hause bringt, wird Alfred ungemütlich. Dieser Goldfisch ist ja wohl zu nichts gut. Noch nicht mal Fell hat er. Alfred weiß gar nicht, was Ben mit so einem Haustier will, wo er doch eine sprechende Maus zum Freund hat!

DRESSLER